Hunde

MANDALA MALBUCH

Lisa Schöning

Dieses Buch gehört zu:

____

____

TEST AUSMALEN SEITE

Danke, dass Sie unser Buch gekauft haben

Wir möchten Ihnen ein PDF-Buch und Entspannungsmusik schenken, die Ihnen helfen, Ihre Kreativität auszudrücken.

Scannen Sie einfach den QR-Code von unten:

Ihre kurze Rezension könnte uns wirklich helfen. Bitte zögern Sie nicht, uns Ihr Feedback mitzuteilen, indem Sie eine Rezension und eine Bewertung hinterlassen.

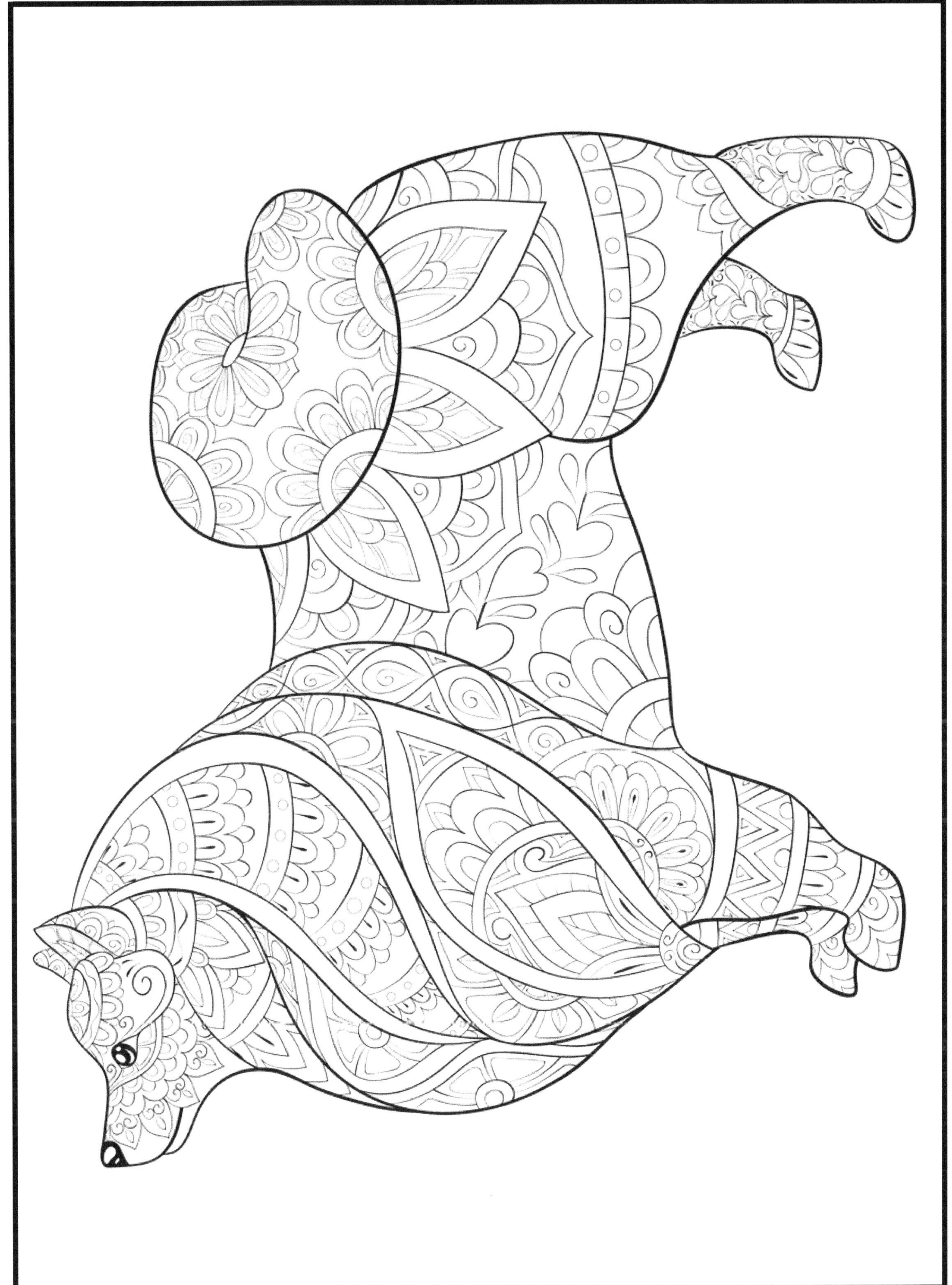

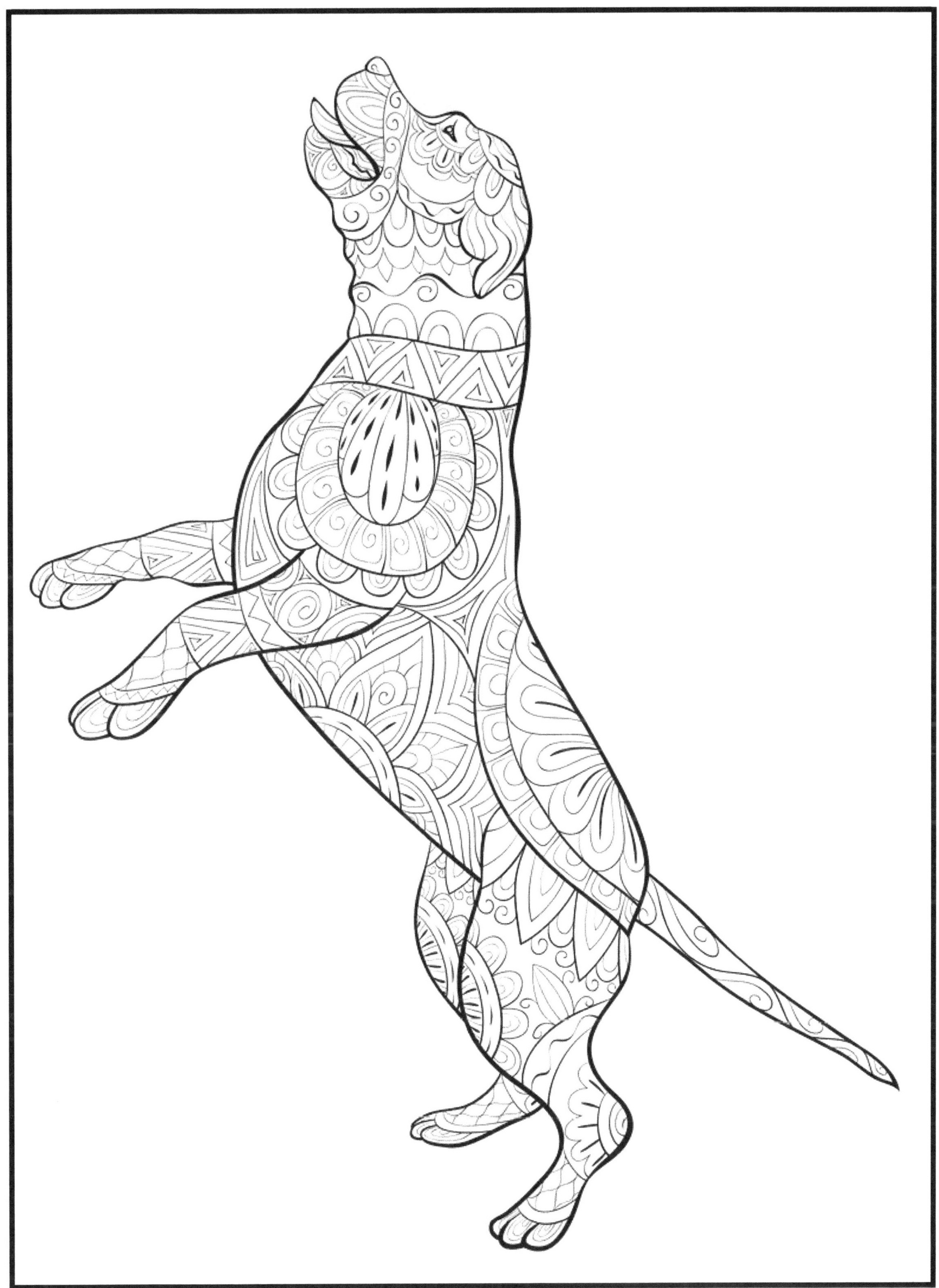

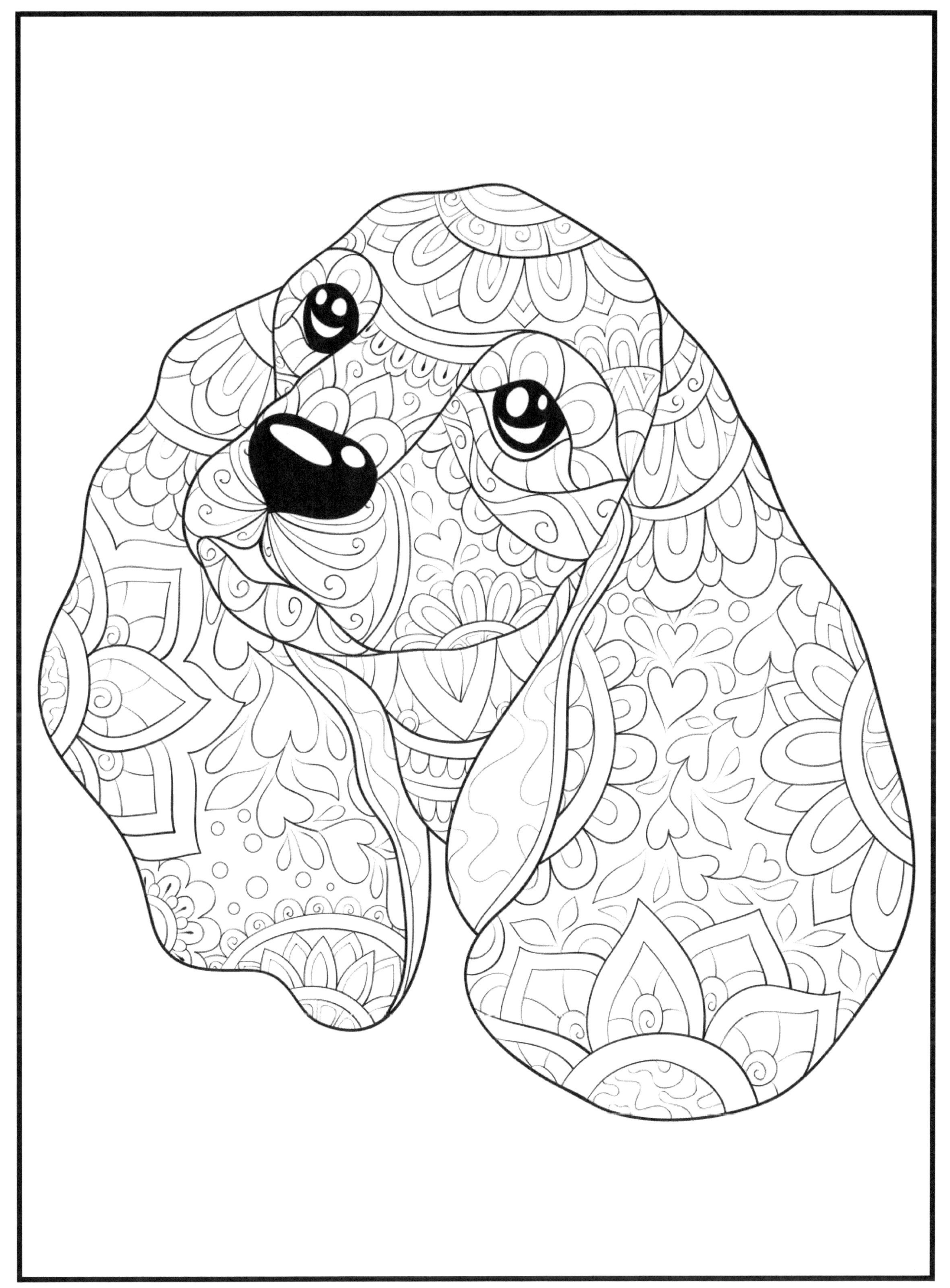

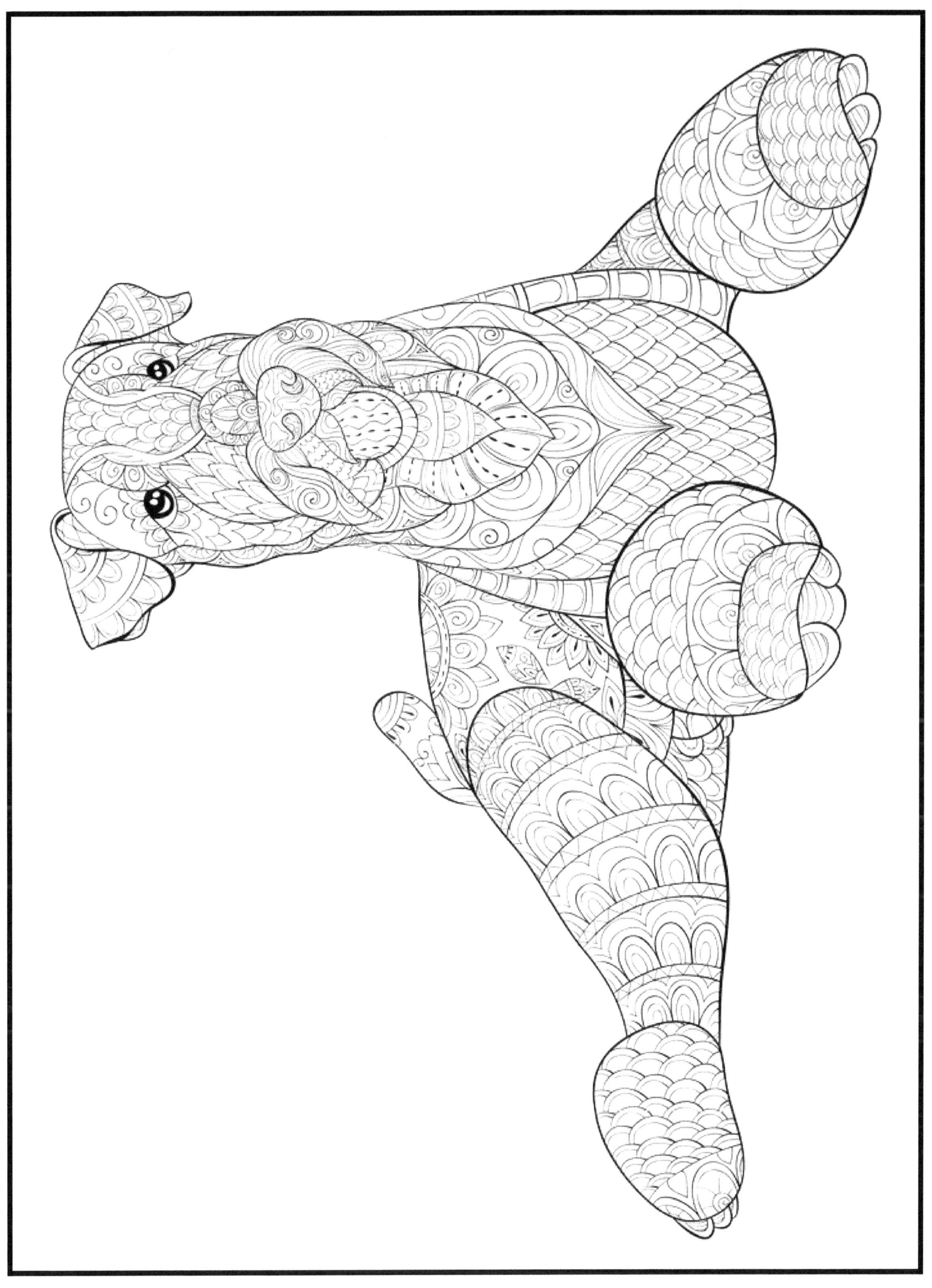

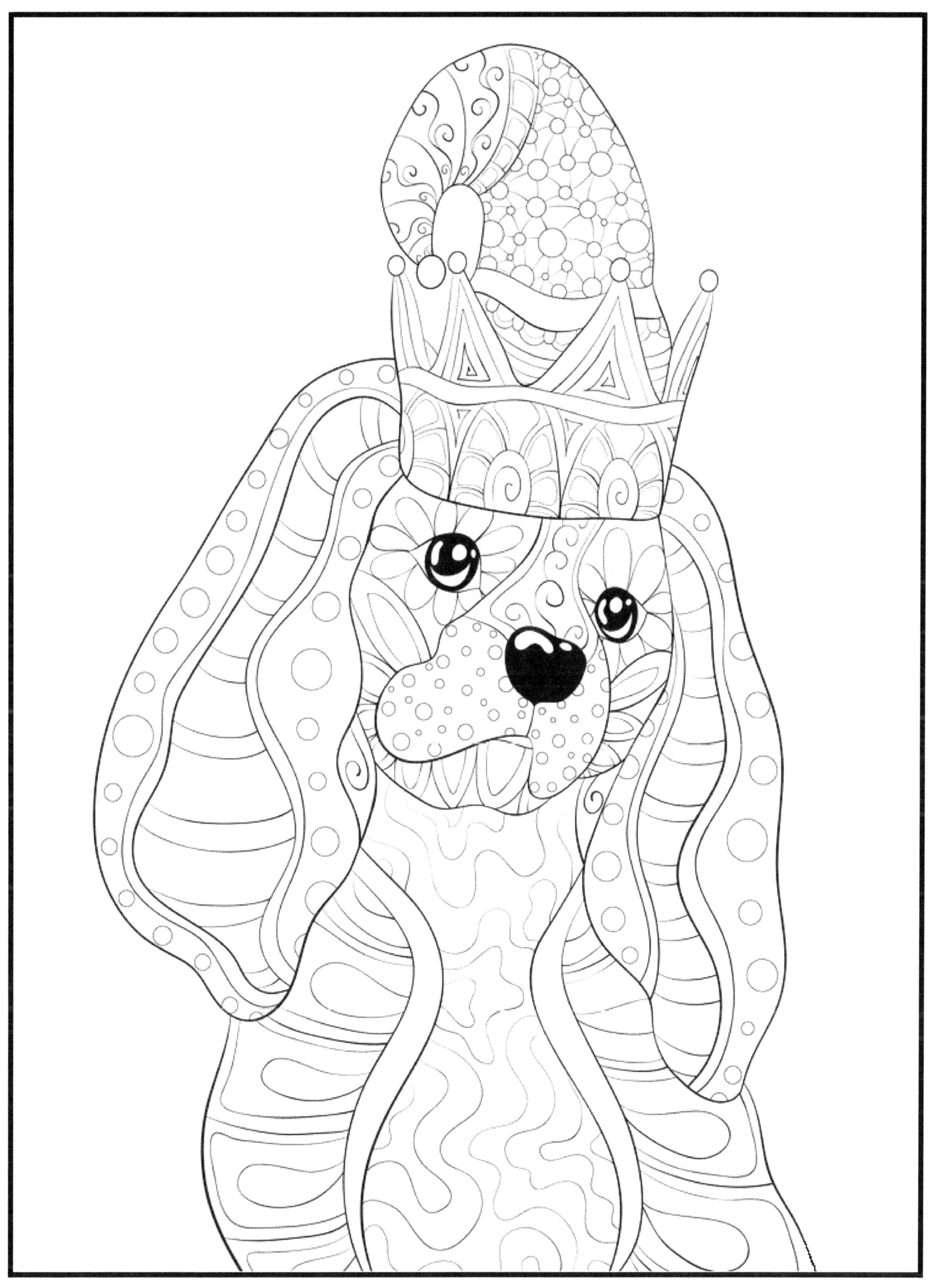

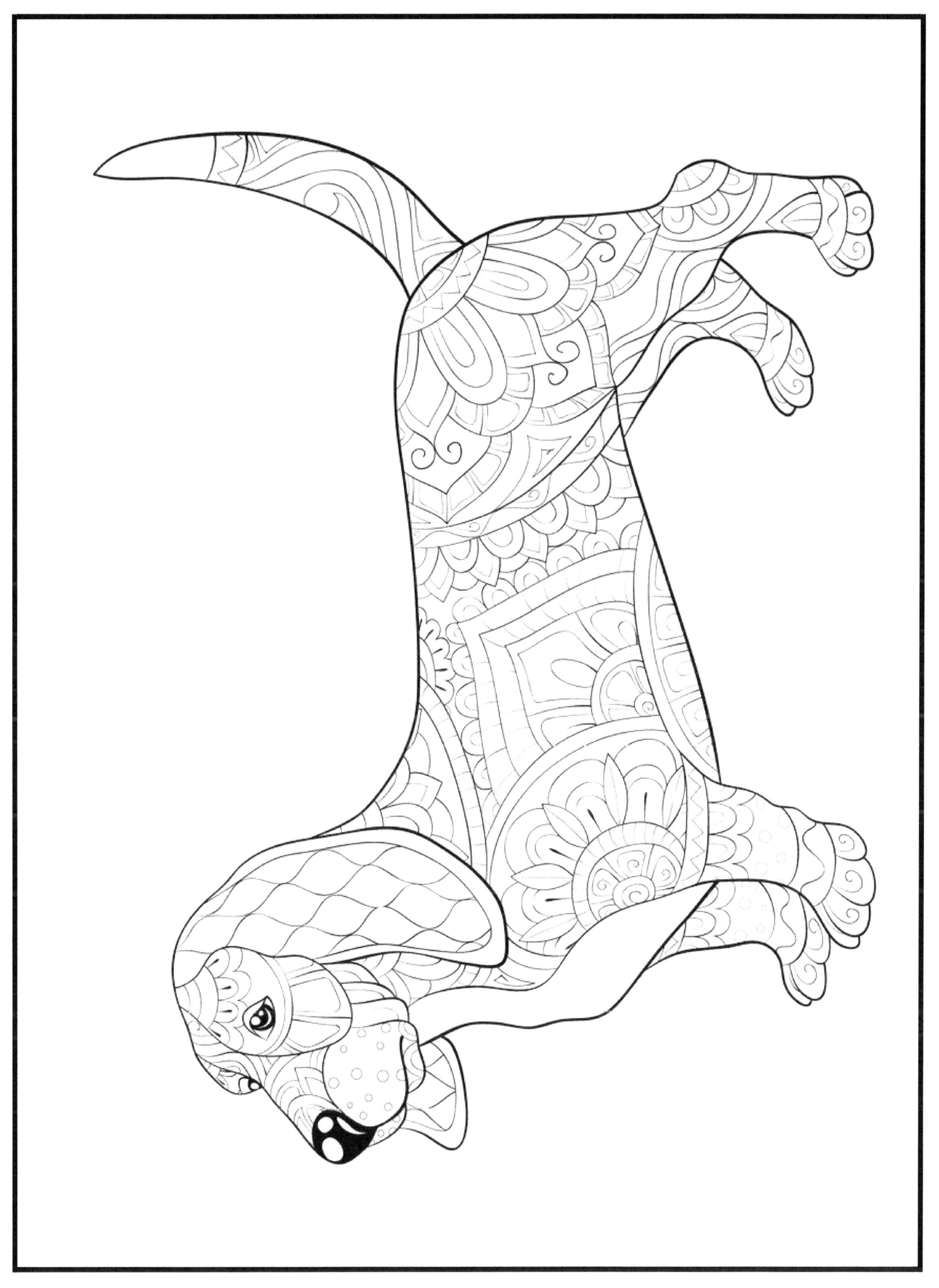

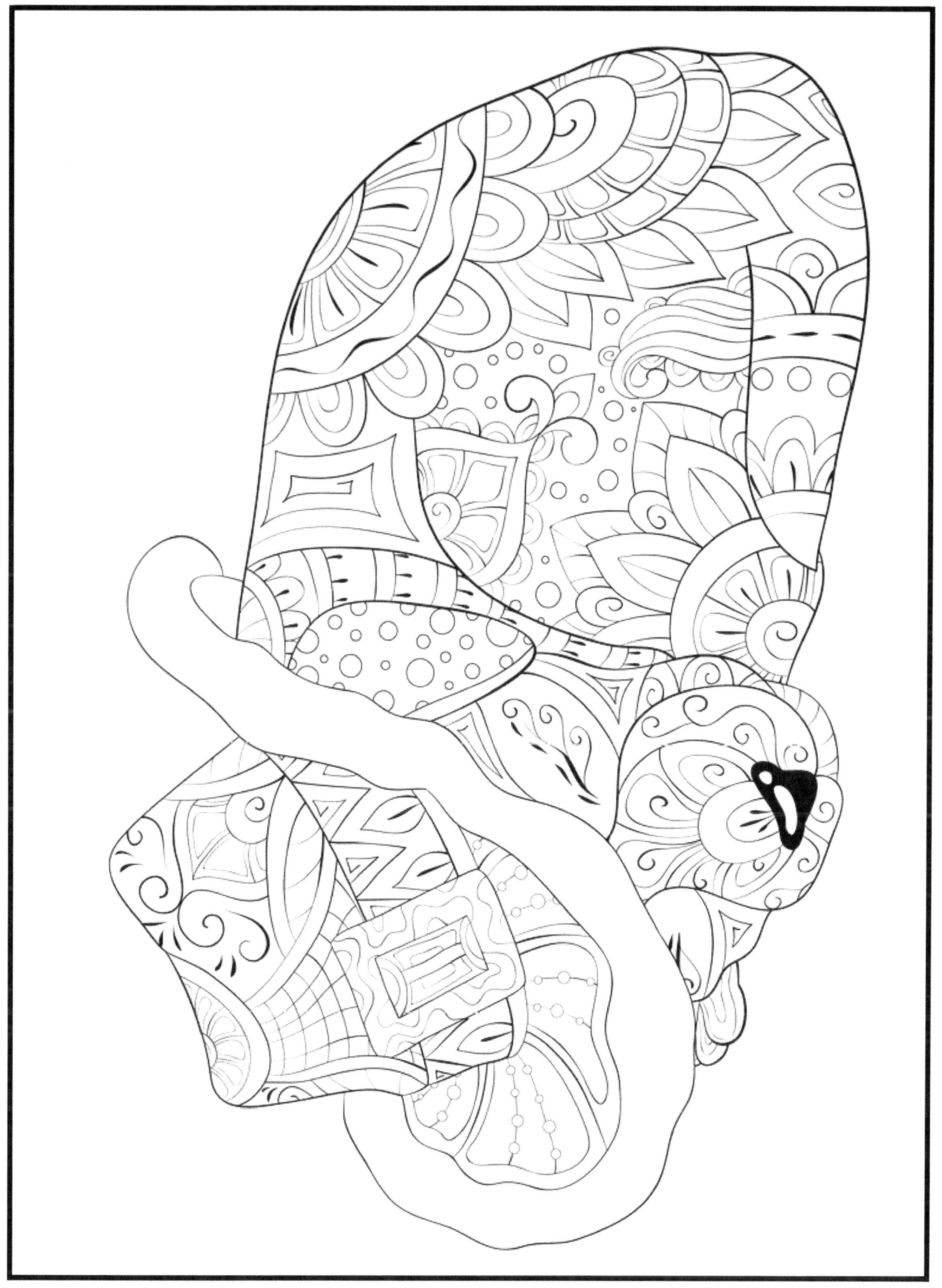

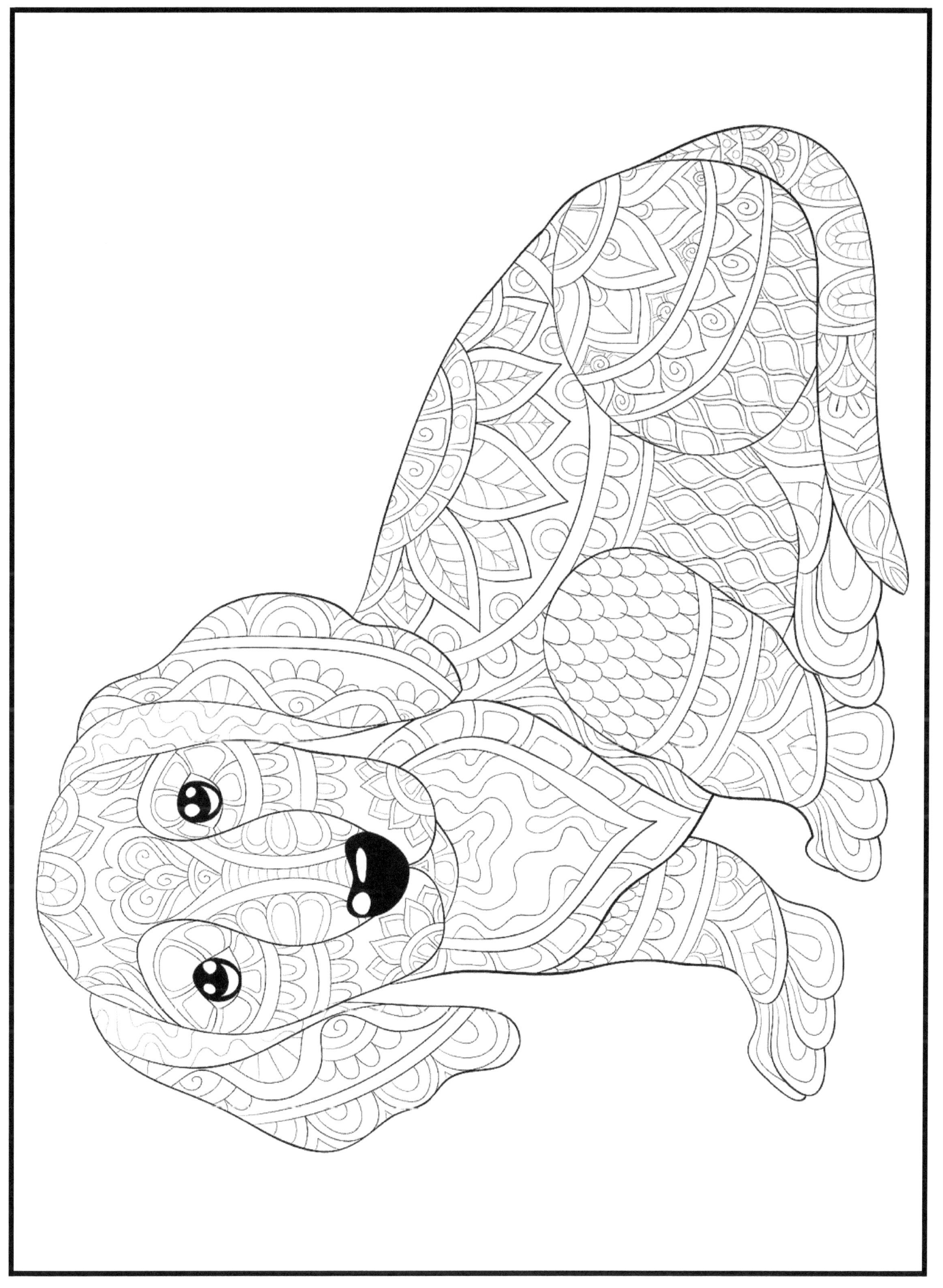

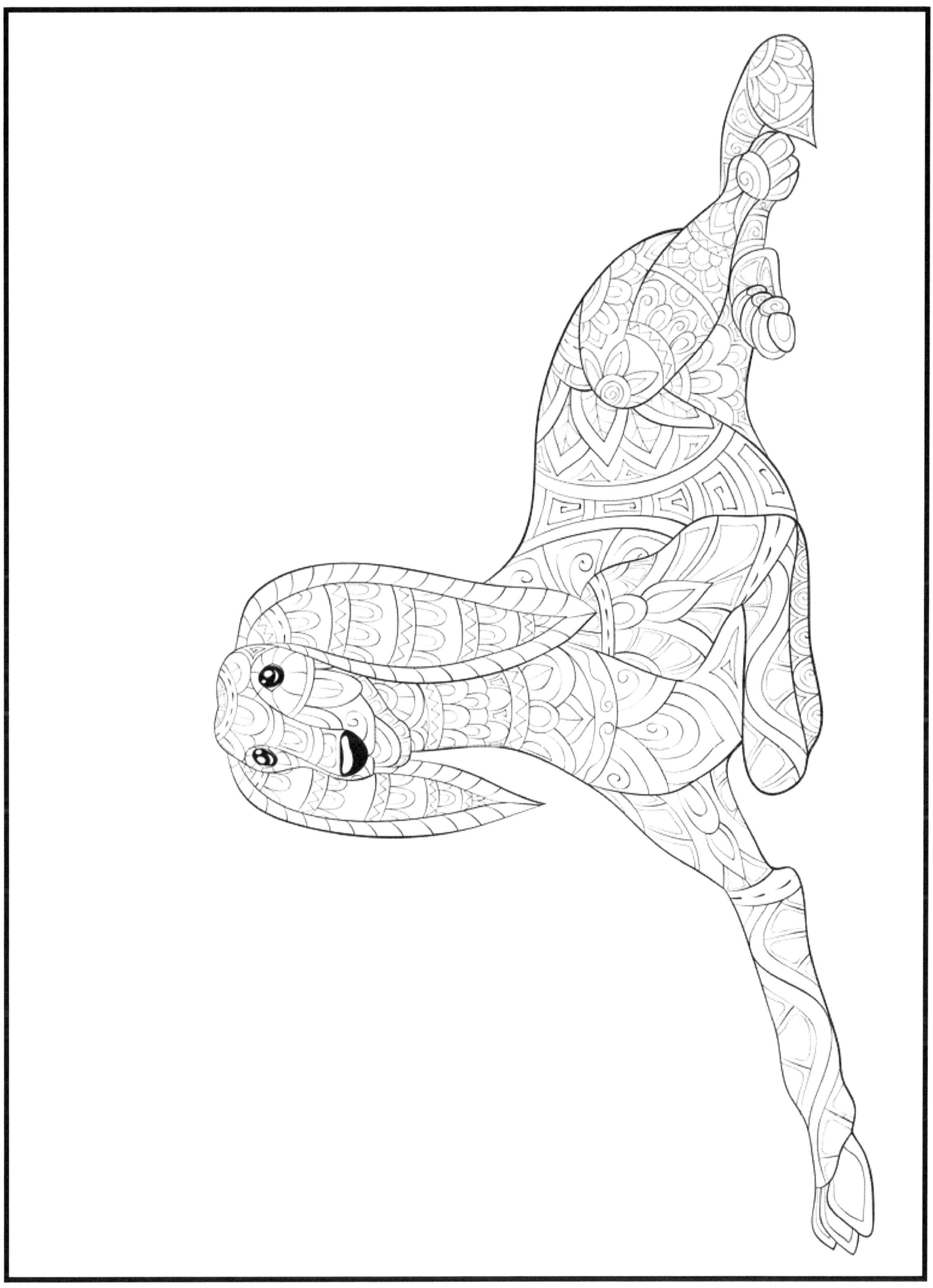

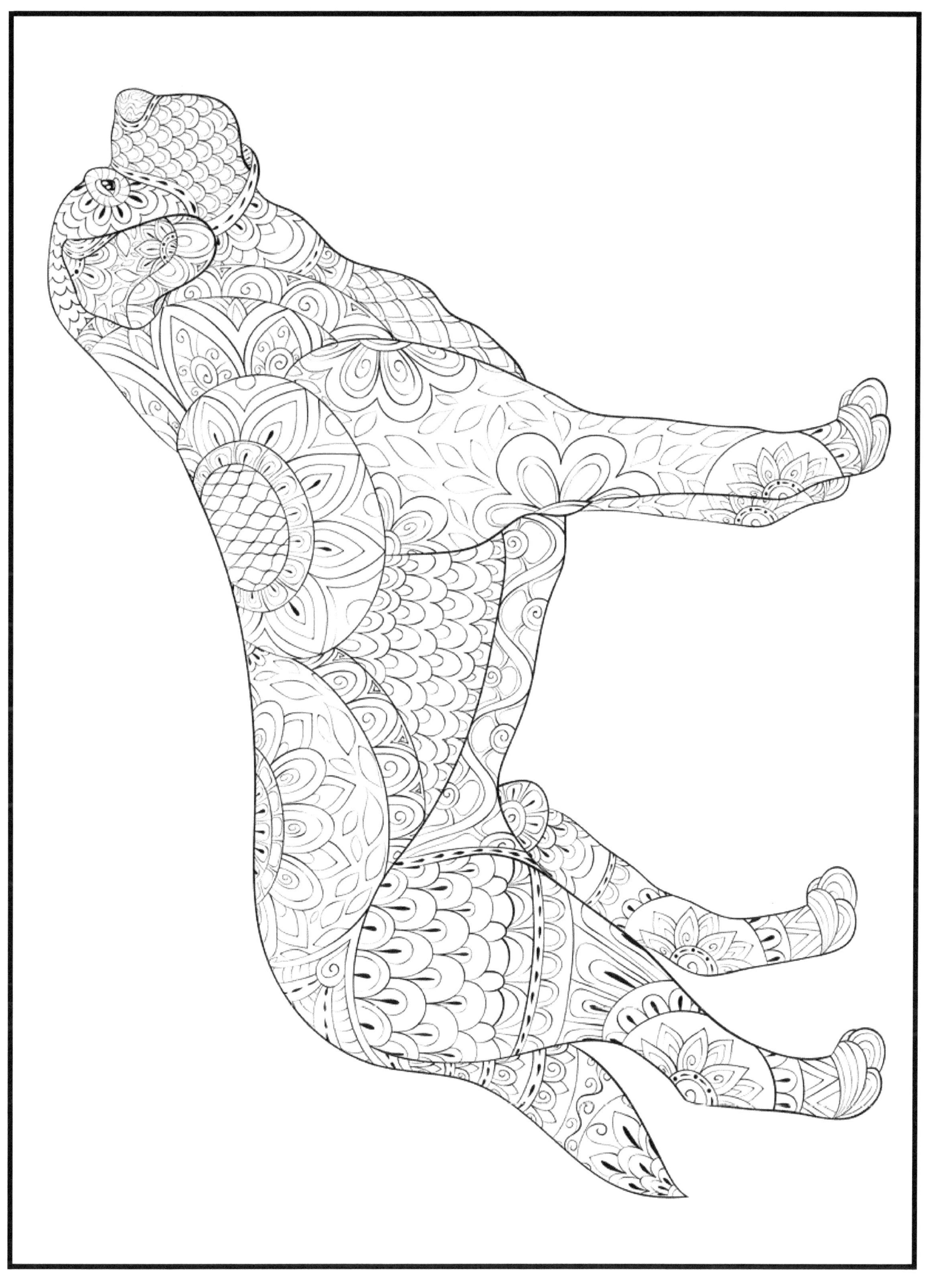

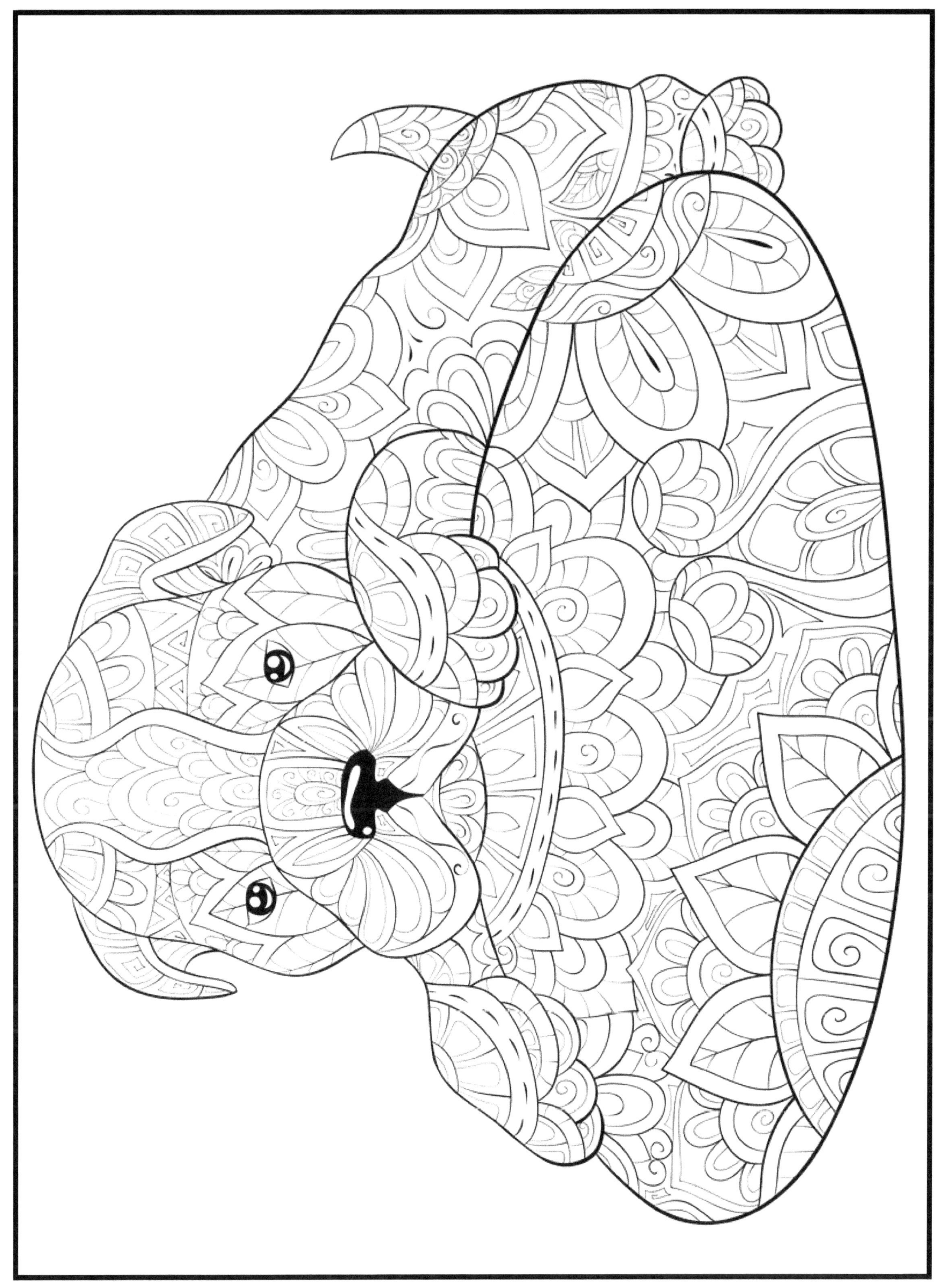

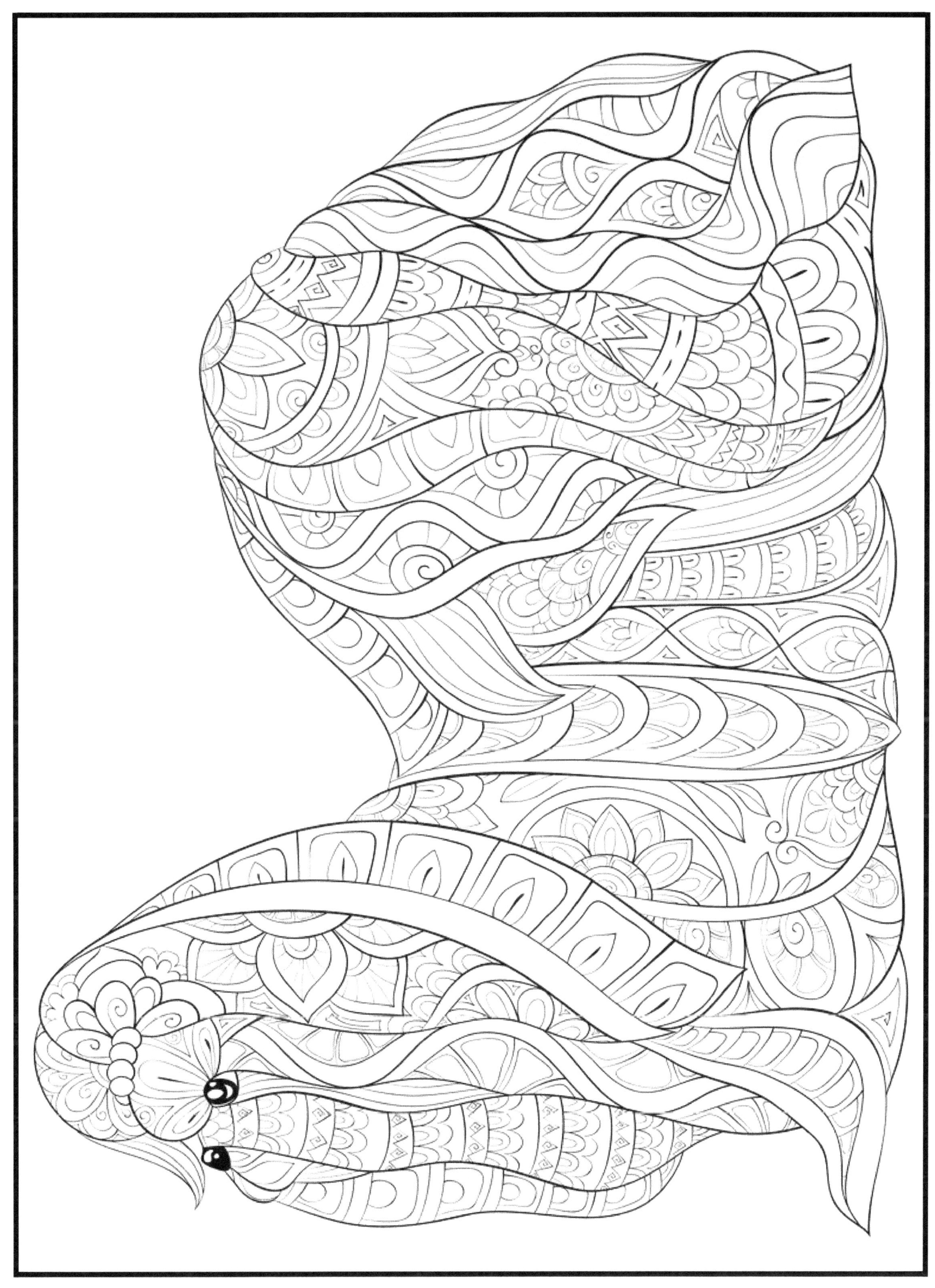

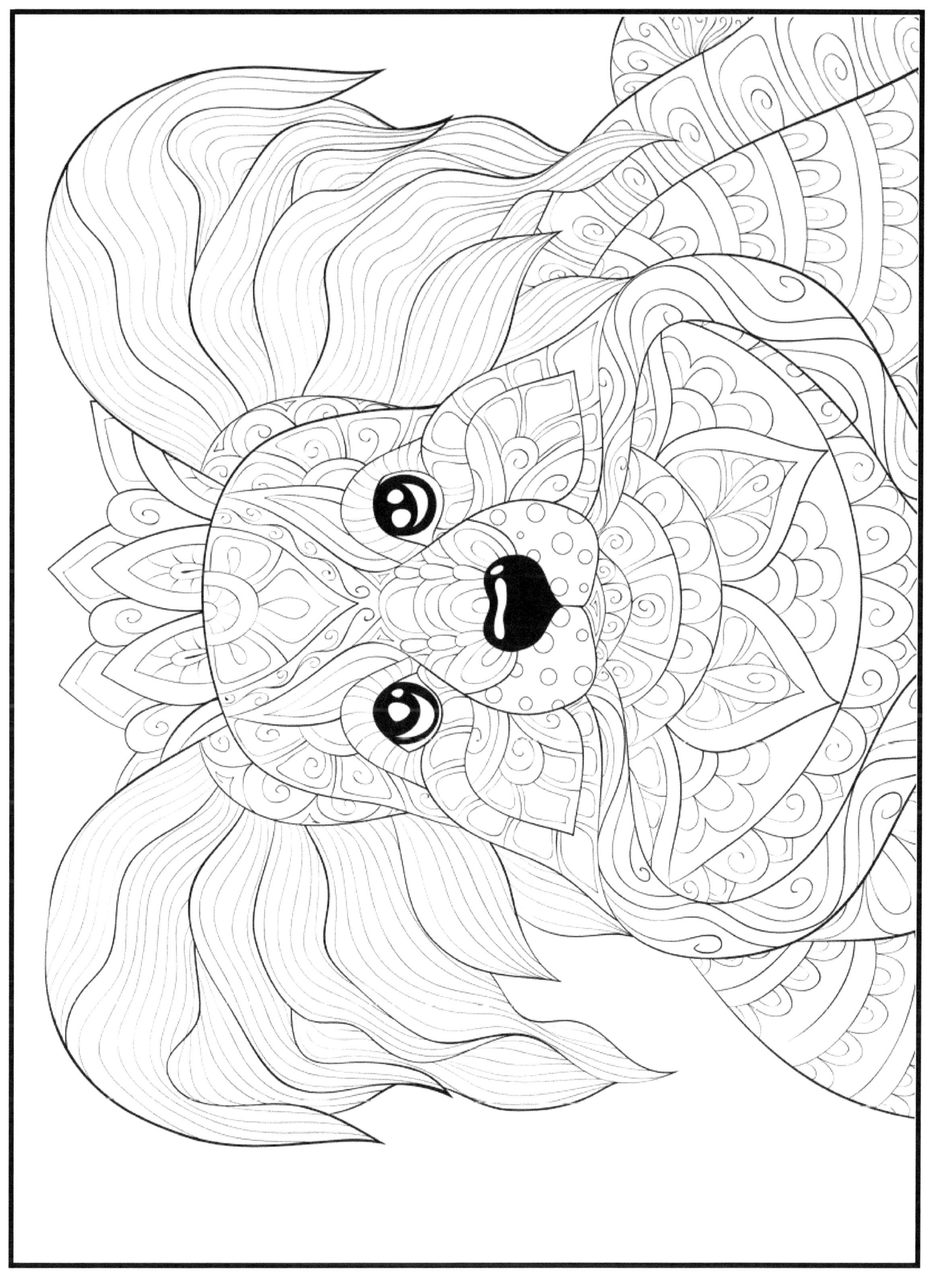

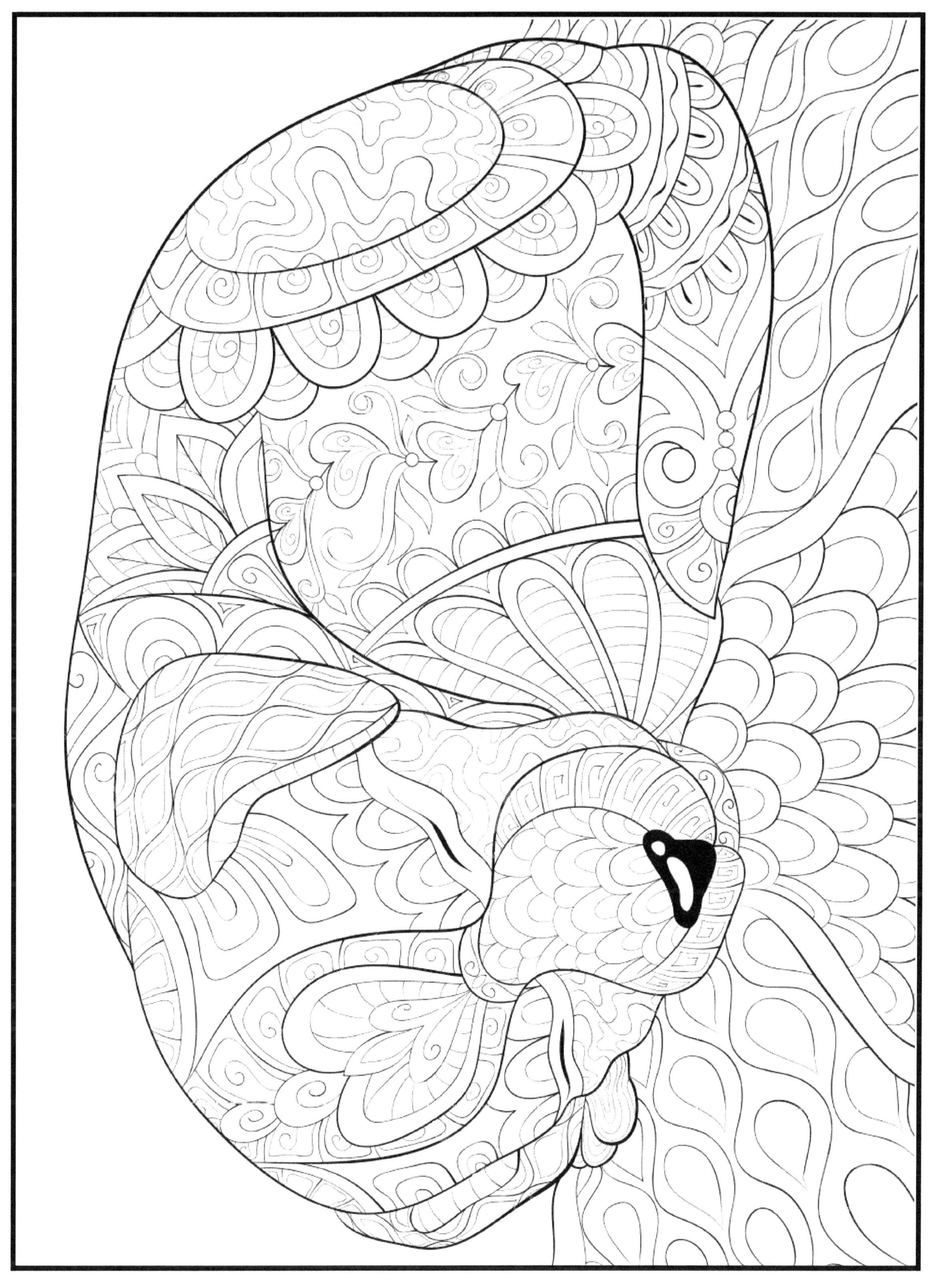

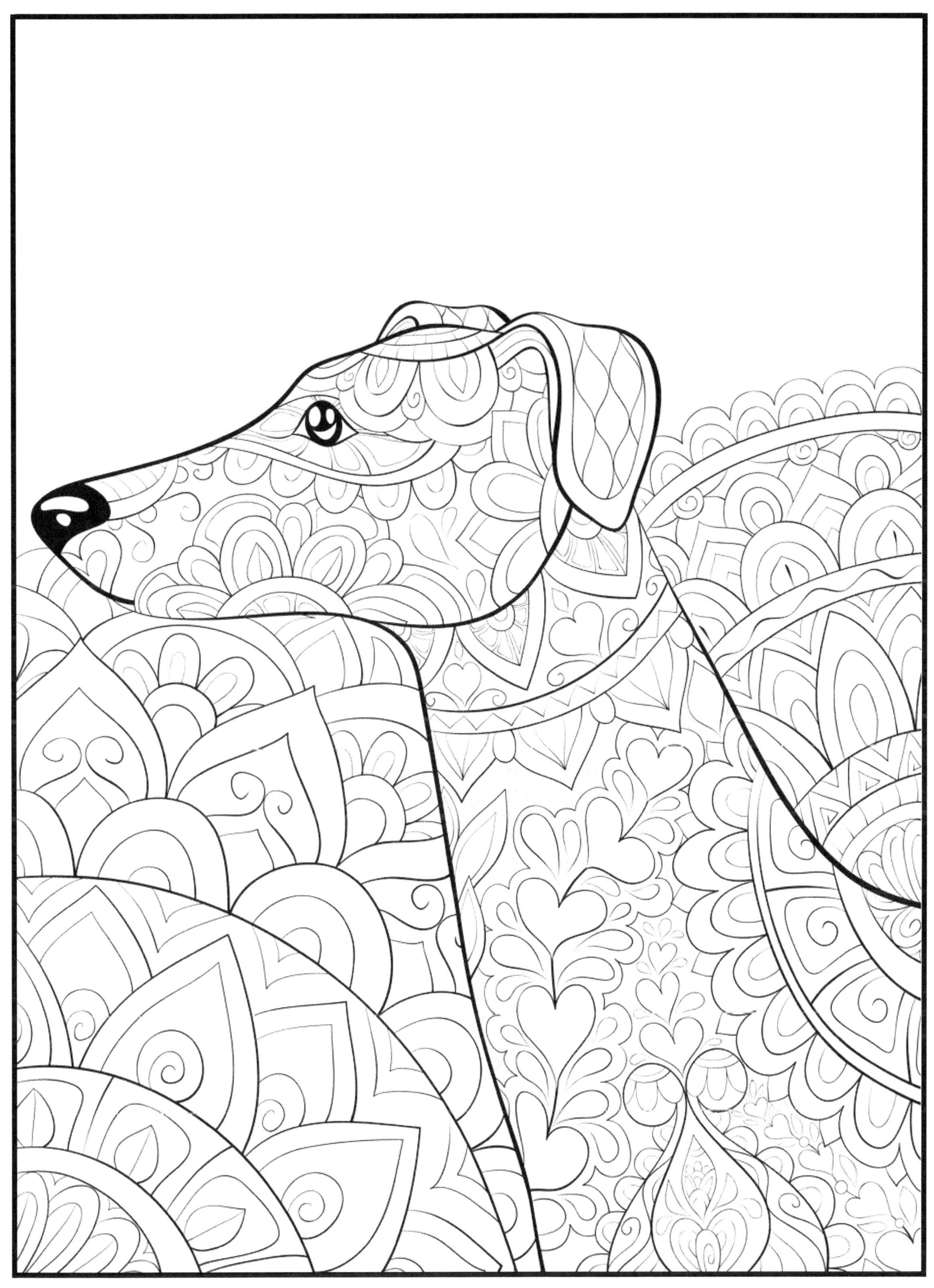